ÉDIT DU ROI,

Concernant l'Ordre de Saint-Louis.

Donné à Versailles au mois de Janvier 1779.

Regiſtré au Sceau & à l'Audience de France le 11 Février audit an.

LOUIS, PAR LA GRÂCE DE DIEU, ROI DE FRANCE ET DE NAVARRE: A tous préſens & à venir; SALUT. Parmi les établiſſemens qui perpétueront à jamais la gloire du règne de Louis XIV, celui de notre Ordre royal & militaire de Saint-Louis, créé par ſon Édit du mois d'avril 1693, eſt un des plus importans. Cette inſtitution ſi digne, & d'un Monarque qui commandoit à des François, & d'une Nation auſſi diſtinguée par ſa fidélité que par ſa valeur & ſon zèle, fut également l'objet de l'attention du feu Roi notre Aïeul, comme elle l'eſt aujourd'hui de la nôtre. Mais en conſidérant les vues de nos Prédéceſſeurs, nous avons reconnu la néceſſité de mettre la dernière main à leur ouvrage, de remplir par de nouveaux bienfaits ce qu'il laiſſoit à deſirer du côté de la dotation, de rappeler l'adminiſtration de l'Ordre à la ſimplicité de ſes principes primitifs, & par-là d'aſſurer de plus en plus le

A

luftre d'une inftitution précieufe à l'État, en même temps que nous en étendrons les véritables avantages. C'eft ainfi, qu'afin d'effectuer en entier la réfolution que nos Prédécefteurs avoient prife de former fa dotation de biens & de revenus temporels, nous venons de remplacer une fomme annuelle de trois cents quatre-vingts mille livres qu'il falloit tirer des fonds deftinés aux dépenfes de la Guerre & de la Marine, par le don de neuf millions cinq cents mille livres en capitaux de rentes créées par l'Édit du mois de février 1770, & produifant pareil revenu de trois cents quatre-vingts mille livres. Nous n'avons pu d'ailleurs qu'être touchés des inconvéniens qui réfultent de la création de différens offices que l'Édit du mois d'avril 1719 attache à l'Ordre de Saint-Louis, & dont les fonctions font, ou fans exercice, ou fans aucune utilité réelle. D'un côté, cette création impofe à l'Ordre l'obligation de payer des gages & des émolumens, tandis qu'il n'a point reçu les finances des offices, & qu'elles ont été verfées dans la caiffe de nos Revenus cafuels; ce qui fouftrait une partie de la dotation à fa deftination effentielle, & contribue à porter fes charges bien au-delà du produit de fes fonds. D'un autre côté; comme l'Édit du mois d'avril 1719 affecte aux titulaires des mêmes offices la décoration de marques extérieures de l'Ordre, il eft arrivé qu'au moyen de mutations fréquentes, ces marques fe font trop multipliées. Aux difpofitions que nous nous propofons d'établir, foit pour faire difparoître des inconvéniens de cette nature, foit pour régler la diftribution des revenus de l'Ordre entre nos troupes de terre & de mer, d'après la proportion fixée par les Édits précédens, nous en ajouterons de particulières, relativement à ce que des actions diftinguées mériteroient de notre munificence, indépendamment du temps des fervices. A CES CAUSES, & autres à ce nous mouvant; de l'avis de notre Confeil, & de notre certaine fcience, pleine puiffance & autorité

royale; Nous avons par notre préſent Édit perpétuel & irré-
vocable, dit, ſtatué & ordonné, diſons, ſtatuons & ordonnons,
voulons & nous plaît ce qui ſuit:

ARTICLE PREMIER.

NOUS avons approuvé & confirmé, approuvons & confirmons la création, inſtitution & érection de l'Ordre militaire,
ſous le nom de *Saint-Louis*, dans la forme & ſuivant les ſtatuts,
ordonnances & règlemens portés par les Édits de Louis XIV
des mois d'avril 1693 & mars 1694; par celui du feu Roi
notre très-honoré Seigneur & Aïeul, du mois d'avril 1719, &
par ſes Ordonnances des 30 décembre 1719, 27 mars 1761
& 9 décembre 1771. En conſéquence, Nous nous déclarons
Chef-ſouverain & Grand-maître dudit Ordre, & Nous nous
réſervons pour Nous & nos ſucceſſeurs Rois, tous les droits
que nos deux Prédéceſſeurs s'étoient réſervés, & qu'ils avoient
attachés à la Grande-maîtriſe.

I I.

LE nombre des dignités dudit Ordre, demeurera fixé à
perpétuité, à compter du jour de la publication du préſent
Édit, ſavoir; les Grand-croix à quarante, les Commandeurs à
quatre-vingts, & les Chevaliers à tel nombre que nous jugerons
à propos de le porter.

I I I.

DES quarante dignités de Grand-croix, trente-quatre ſeront
deſtinées à toujours aux Officiers de nos Troupes de terre, &
ſix à ceux du ſervice de notre Marine; comme auſſi des quatre-
vingts dignités de Commandeurs, ſoixante-cinq ſeront également
deſtinées à toujours aux Officiers des Troupes de terre, & quinze
à ceux du ſervice de mer.

I V.

VOULONS que des dignités de Grand-croix & de Commandeur, que nous avons deſtinées aux Officiers de nos Troupes de terre, il en ſoit & demeure affecté à toujours aux Officiers des Troupes de notre Maiſon, douze dignités, ſavoir; quatre de Grand-croix & huit de Commandeur, ſans que par la ſuite le nombre en puiſſe être augmenté, ſous quelque prétexte que ce ſoit.

V.

VOULONS pareillement que deſdites dignités deſtinées aux Officiers de nos Troupes de terre, il en ſoit & demeure affecté à toujours, ſavoir; au Corps-royal de l'Artillerie, une ſeule de Grand-croix & quatre de Commandeur; & au Corps du Génie, une ſeule dignité de Grand-croix & deux de Commandeur.

V I.

LES dignités de Grand-croix & de Commandeur, enſemble les penſions de Chevalier, ne ſeront plus accordées à l'avenir par expectative, mais ſeulement lorſqu'il y aura vacance d'une ou de pluſieurs de ces dignités, ou de penſions de Chevalier, ſoit par la mort des titulaires penſionnaires, par la promotion des Commandeurs à la dignité de Grand-croix, ou autrement.

V I I.

APRÈS la nomination que nous aurons faite des Grand-croix & des Commandeurs dont nous venons d'augmenter le nombre par notre préſent Édit, nous ne nommerons plus aux dignités de Grand-croix ou de Commandeur qui vaqueront par la ſuite en temps de paix, que tous les ans, le jour & fête de Saint-Louis.

V I I I.

LA croix de Chevalier de Saint-Louis, ſera pareillement accordée à l'avenir, comme elle l'a été juſqu'à préſent, aux Officiers de nos Troupes de terre & de mer, eu égard au temps de leurs ſervices, & conformément aux Ordonnances qui ont été précédemment rendues à ce ſujet; mais nous ne les serons distribuer que tous les trois ans en temps de paix; nous réservant d'en accorder en temps de guerre, autant que nous le jugerons à propos.

I X.

INDÉPENDAMMENT du temps de service pour obtenir la Croix, & voulant récompenser les Officiers de nos Troupes de terre & de mer, qui par des actions de bravoure, se seront distingués dans des occasions périlleuses & éclatantes, nous avons ordonné & arrêté que, quel que soit leur âge, & quelque temps de service qu'ils aient, la croix de Saint-Louis leur sera accordée avec la distinction & dans la forme ci-après réglées.

X.

L'ACTION de bravoure pour laquelle la Croix leur sera accordée, sera constatée par un procès-verbal dressé sur le lieu ou dans le jour où l'action se sera passée, par les Officiers généraux qui seront présens, autant que faire se pourra; & en leur absence, par les Officiers supérieurs des Corps qui en auront été témoins, pour les Troupes de terre; ou du vaisseau sur lequel sera l'Officier, pour les Troupes de mer; ou lorsqu'il n'y aura pas d'Officiers supérieurs, par les Officiers qui se trouveront présens à l'action, ou par des Notables de tous états & conditions, lesquels la certifieront par un acte qui sera dressé dans la meilleure forme, & avec le plus d'authenticité que le temps & les lieux le comporteront.

X I.

LE procès-verbal, tel qu'il est prescrit en l'article précédent, sera adressé par l'État-major du régiment ou du vaisseau dont sera l'Officier, au Secrétaire d'État de la guerre, ou à celui de la Marine, pour nous être présenté, à l'effet par Nous d'accorder ou refuser la Croix, suivant les circonstances.

X I I.

LA Croix que nous aurons accordée, conformément aux

6

articles IX, X & XI, sera portée par celui que nous en aurons décoré, de la même manière qu'elle l'est par tous les Officiers qui l'ont obtenue jusqu'à présent, & qui l'obtiendront par la suite ; à la seule différence qu'elle sera suspendue à un ruban couleur de feu, bordé & liséré dans la forme & ainsi que Nous l'aurons réglé par l'Ordonnance que Nous nous proposons de rendre à cet effet.

X I I I.

LES Chevaliers qui auront obtenu la Croix avec la distinction réglée dans l'article précédent, & qui parviendront aux dignités de Commandeur & de Grand-croix, porteront le cordon de Grand-croix ou de Commandeur, avec les mêmes bordé & liséré que Nous aurons réglés par ladite Ordonnance.

X I V.

LES Chevaliers & Commandeurs de l'Ordre du Saint-Esprit, qui sont Chevaliers de Saint-Louis, porteront dorénavant la Croix de Saint-Louis à la boutonnière, comme les Chevaliers.

X V.

LES Grand-croix & les Commandeurs de l'Ordre de Saint-Louis, recevront de notre main les marques de leur dignité.

X V I.

VOULONS que tous les Grand-croix & Commandeurs dudit Ordre, qui se trouveront, au jour & Fête de Saint-Louis, auprès de notre Personne, soient tenus de nous accompagner, tant en allant qu'en revenant, à la Messe qui sera célébrée le même jour dans la Chapelle du Palais où nous serons, & d'assister religieusement à la même Messe pour demander à Dieu, qu'il lui plaise répandre ses bénédictions sur Nous, sur notre Maison royale & sur notre État. Ils auront l'habit uniforme de leur grade, & porteront à l'extérieur les rubans larges ou cordons qui les distinguent des Chevaliers.

X V I I.

ATTENDU l'état actuel des revenus de l'Ordre, considéré relativement à ses charges, les Officiers des Troupes de terre & de mer qui, à compter du jour de la publication de notre présent Édit, parviendront aux dignités de Grand-croix & de Commandeurs, ne jouiront plus, savoir, les Grand-croix, que de quatre mille livres, & les soixante plus anciens Commandeurs que de trois mille livres : Notre intention étant que les vingt derniers Commandeurs ne jouissent de ladite pension de trois mille livres, qu'à mesure de l'extinction de celles des soixante anciens, suivant l'ordre de leur réception, & sans nouvelles Lettres ou Brevets.

X V I I I.

N'ENTENDONS priver les Grand-croix & Commandeurs actuels, de la jouissance des pensions qui leur ont été accordées sur ledit Ordre : Voulons au contraire qu'ils en jouissent pendant leur vie, à la réserve seulement que les Commandeurs qui seront promus par la suite à la dignité de Grand-croix, ne jouiront que de la pension attribuée à cette dernière dignité, par l'article précédent.

X I X.

NOUS avons fixé à cinquante-six mille deux cents cinquante livres par an, la portion affectée au département de la Marine dans les quatre cents cinquante mille livres de dotation dudit Ordre ; laquelle somme de cinquante-six mille deux cents cinquante livres sera accordée aux dignités & Chevaliers dudit Ordre de nos Troupes de mer, conformément à l'article VIII de l'Édit du mois d'avril 1693.

X X.

TOUS les autres revenus appartenans audit Ordre, & qui proviennent des fonds qui se sont trouvés en économie dans les caisses des Invalides & du quatrième Denier, seront distribués

8

en penſions que nous accorderons, ſur le rapport du Secrétaire
d'État de la guerre, aux dignités & Chevaliers dudit Ordre du
ſervice de terre.

X X I.

A compter du jour de la publication du préſent Édit, & à
l'avenir, toutes les penſions accordées aux dignités & Chevaliers
dudit Ordre, les dépenſes des Croix, les frais de comptabilité
& autres dépenſes quelconques à la charge d'icelui, ne pourront
être pris & payés ſur d'autres fonds que ſur les revenus actuels
& futurs appartenans audit Ordre.

X X I I.

COMME les penſions accordées aux Chevaliers dudit Ordre
juſqu'à ce jour, les dépenſes des Croix & autres frais de comptabilité, excédent les revenus dudit Ordre, notre intention eſt
qu'il ne ſoit plus accordé de penſions aux Chevaliers que lorſque,
par l'extinction de celles actuellement exiſtantes, il ſe trouvera
des fonds libres dans les revenus pour acquitter leſdites penſions.

X X I I I.

VOULONS que les penſions qui ſeront accordées à l'avenir
aux Chevaliers dudit Ordre, le ſoient de préférence à ceux dont
l'état de leur fortune l'exigera le plus particulièrement, &
qu'elles ne puiſſent jamais excéder la ſomme de huit cents
livres, ni être au-deſſous de celle de deux cents livres; leſquelles
penſions n'auront lieu néanmoins, qu'après que les Chevaliers
dudit Ordre qui ont à préſent des expectatives, auront pu être
employés dans l'état des penſions d'icelui, ſur le pied fixé par
le préſent article, & qu'il ſe trouvera des revenus libres pour
les payer.

X X I V.

NOUS avons éteint & ſupprimé, éteignons & ſupprimons tous
les Offices créés pour ledit Ordre par l'article VI de l'Édit du
mois d'avril 1719. Et attendu que les finances deſdits Offices

sont entrées dans nos revenus casuels, Nous voulons que tous lesdits Officiers, ou les Propriétaires des finances desdits Offices, soient remboursés du montant d'icelles, chacun à leur égard, par le Garde de notre Trésor royal en exercice, en quittances de finance portant intérêt à Cinq pour cent, dont lesdits Officiers & Propriétaires jouiront, à compter du 1.er Janvier de la présente année, jusqu'à ce que les circonstances nous permettent d'effectuer le remboursement en espèces, desdites quittances de finance, & ce d'après la liquidation.

X X V.

LES Officiers supprimés par l'article précédent, ne pourront être remboursés en quittances de finance, qu'en rapportant au Garde de notre Trésor royal, chacun pour ce qui le concerne, un certificat du Secrétaire d'État de la guerre, comme ils auront remis les titres de propriété, registres, pièces & renseignemens concernant les biens & revenus dudit Ordre qu'ils peuvent avoir en leur possession; & à l'égard des Trésoriers, comme leurs comptes auront été arrêtés & signés, & qu'ils se trouvent quittes envers ledit Ordre.

X X V I.

AU moyen de la suppression desdits Offices, nous avons déchargé & déchargeons ledit Ordre du payement des gages & émolumens attribués à tous lesdits Offices; & ce, à compter du 1.er Janvier de la présente année.

X X V I I.

VOULONS que les grands & petits Officiers dudit Ordre, présentement supprimés, continuent de jouir, leur vie durant, des honneurs, prérogatives & priviléges qui avoient été attribués à leurs Offices, par l'Édit du mois d'avril 1719.

X X V I I I.

CONFORMÉMENT à l'article XIII de l'Édit du mois d'avril 1693, notre très-cher & féal le Chancelier & Garde des Sceaux de France, fera les fonctions de Garde des sceaux dudit Ordre; à l'effet de quoi les Sceaux dudit Ordre lui feront remis par le Chancelier d'icelui, supprimé. Et à l'égard des Officiers minis-tériels que nous jugerons convenable de nommer pour l'admi-nistration des biens & revenus de l'Ordre, nous y pourvoirons par de simples Commissions, sur la présentation qui nous en fera faite par le Secrétaire d'État ayant le département de la guerre; mais lesdits Officiers ne pourront porter aucune marque extérieure dudit Ordre, sous peine de privation de leur Com-mission.

XXIX.

VOULONS que les comptes des Trésoriers dudit Ordre, qui font à rendre, & ceux qui le feront par la fuite, foient arrêtés annuellement par le Secrétaire d'État ayant le département de la guerre, dans une affemblée qui fera par lui convoquée dans la falle du Confeil de l'Hôtel royal des Invalides, en préfence de deux Grand-croix, de deux Commandeurs & de deux Chevaliers dudit Ordre du fervice de terre, dans la forme & de la même manière qu'il fe pratique pour les comptes de l'Hôtel des Invalides; à laquelle affemblée le Secrétaire d'État ayant le département de la marine affiftera, & y fera inviter un Officier Grand-croix & un Officier Commandeur du fervice de mer.

XXX.

CONFIRMONS toutes les difpofitions portées par les Édits, Déclarations, Lettres patentes, Arrêts, Ordonnances & Règle-mens rendus fur l'adminiftration dudit Ordre de Saint-Louis & relativement à icelui; Voulons que le tout foit exécuté en ce qui n'y a pas été dérogé par le préfent Édit. SI DONNONS EN MANDEMENT à notre très-cher & féal Chevalier Garde des Sceaux de France, le fieur Hue de Miroménil, que le préfent Édit il ait à faire lire & publier, le Sceau tenant, & icelui enregiftrer ès regiftres de l'audience de France, pour être exécuté fuivant fa forme & teneur, nonobftant toutes chofes à ce contraires: CAR TEL EST NOTRE PLAISIR ; & afin que ce foit chofe ferme & ftable à toujours, nous avons fait mettre notre fcel au préfent Édit. DONNÉ à Verfailles au mois de janvier, l'an de grâce mil fept cent foixante-dix-neuf, & de notre règne le cinquième. *Signé* LOUIS. *Et plus bas,* Par le Roi. *Signé* LE PRINCE DE MONTBAREY. *Vifa* HUE DE MIROMÉNIL. Vu au Confeil, PHELYPEAUX. Et fcellé du grand fceau de cire verte fur doubles lacs de foie rouge & verte.

Lû & publié, le Sceau tenant, de l'Ordonnance de Monfeigneur le Garde des Sceaux de France, par nous Confeiller du Roi en fes Confeils, Grand-Audiencier de France. A Paris, le onzième jour de Février mil fept cent foixante-dix-neuf. Signé BIOCHE.

Enregiftré ès regiftres de l'Audience de France, nous Confeillers du Roi en fes Confeils, Grand-Audiencier de France, & Contrôleur général de la grande Chancellerie, préfens. A Paris, le onzième jour de Février mil fept cent foixante-dix-neuf. Signé BIOCHE, DARNAUT.

POUR LE ROI. { Collationné à l'original par nous Écuyer, Confeiller-Secrétaire du Roi, Maifon, Couronne de France & de fes Finances.